**mamma**

🇺🇸 mommy
🇬🇧 mummy

**papà**

daddy

**bambino**

boy

**bambina**

girl

**1** 

**uno**

one

**2**

**due**

two

**3**

**tre**

three

**4**

**quattro**

four

5

cinque

five

6

sei

six

7

sette

seven

8

otto

eight

# 9

nove

nine

# 10

dieci

ten

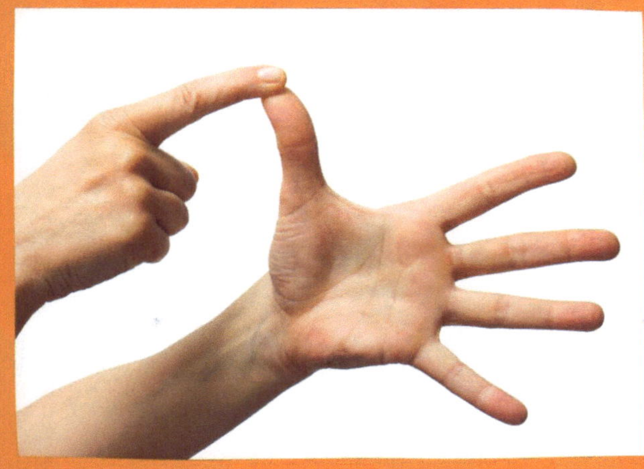

**contare**

count

**scrivere**

write

**disegnare**

draw

**dipingere**

paint

**cerchio**

circle

**rettangolo**

rectangle

**quadrato**

square

**triangolo**

triangle

**stella**

star

**nero**

black

**bianco**

white

**marrone**

brown

**rosso**

red

**blu**

blue

**giallo**

yellow

**verde**

green

**viola**

purple

**grigio**

🇺🇸 gray
🇬🇧 grey

**arancione**

orange

**rosa**

pink

**mela**

apple

**banana**

banana

**ananas**

pineapple

**cocomero**

watermelon

**pera**

pear

**uva**

grapes

**mango**

mango

**pesca**

peach

**fragola**

strawberry

**ciliegia**

cherry

**arancia**

orange

**cocco**

coconut

**limone**

lemon

**fungo**

mushroom

**mais**

corn

**pomodoro**

tomato

**zucca**

pumpkin

**cetriolo**

cucumber

**carota**

carrot

**patata**

potato

**zucchina**

🇺🇸 **zucchini**
🇬🇧 **courgette**

**spinacio**

spinach

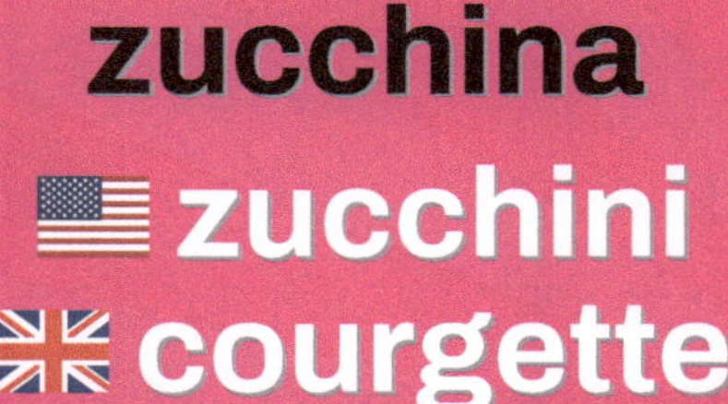

**cavolfiore**

**cauliflower**

**uovo**

**egg**

**piatto**

plate

**cucchiaio**

spoon

**coltello**

knife

**forchetta**

fork

**torta**

cake

**biberon**

baby bottle

**caramelle**

candies

**formaggio**

cheese

**bere**

drink

**mangiare**

eat

**caldo**

hot

**freddo**

cold

 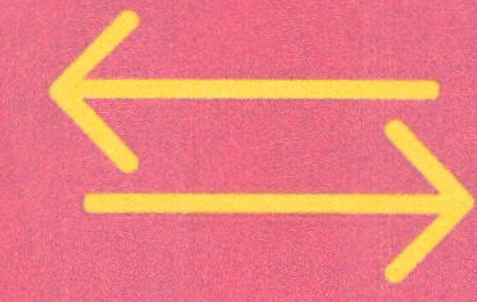 

**piccolo**

small

**grande**

big

 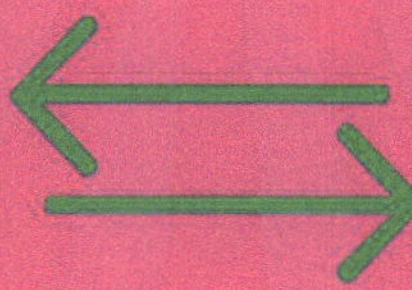

**corto**

short

**lungo**

long

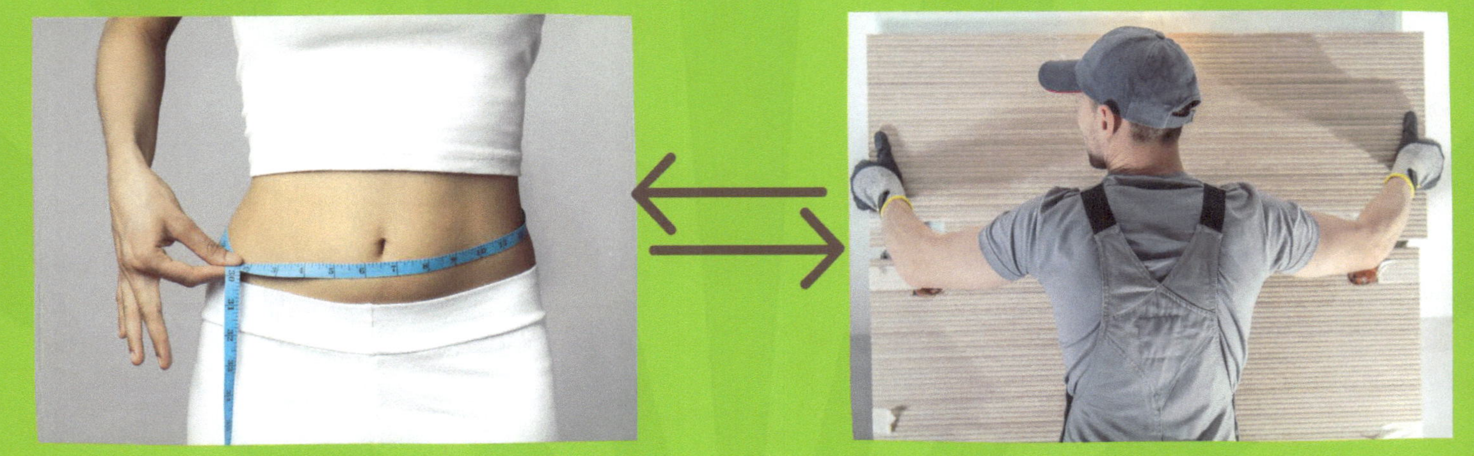

**sottile**

thin

**largo**

large

**facile**

easy

**difficile**

difficult

**alzarsi**

stand up

**sedersi**

sit down

**dolce**

sweet

**salato**

salty

**pesante**

heavy

**leggero**

light

**dentro**

in

**fuori**

out

**sporco**

dirty

**pulito**

clean

**chiudere**

close

**aprire**

open

**matite**

pencils

**orologio**

clock

**chiave**

key

**libro**

book

**letto**

bed

**culla**

🇺🇸 crib
🇬🇧 cot

**tavolo**

table

**sedia**

chair

**automobile**

car

**bicicletta**

bike

**aereo**

plane

**barca**

boat

**treno**

train

**elicottero**

helicopter

# camion dei pompieri

🇺🇸 **firetruck**
🇬🇧 **fire engine**

# pompiere

# firefighter

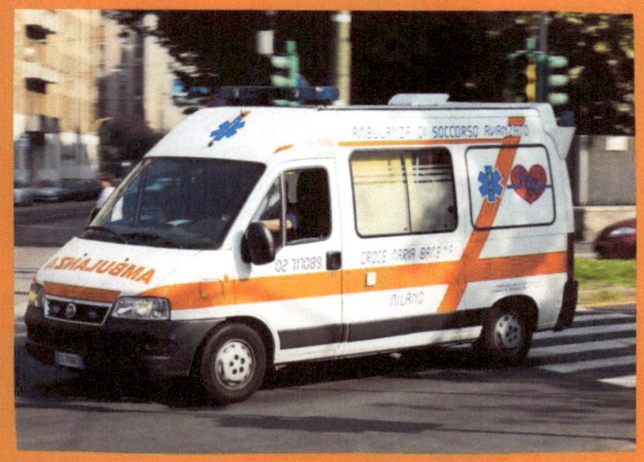

**ambulanza**

ambulance

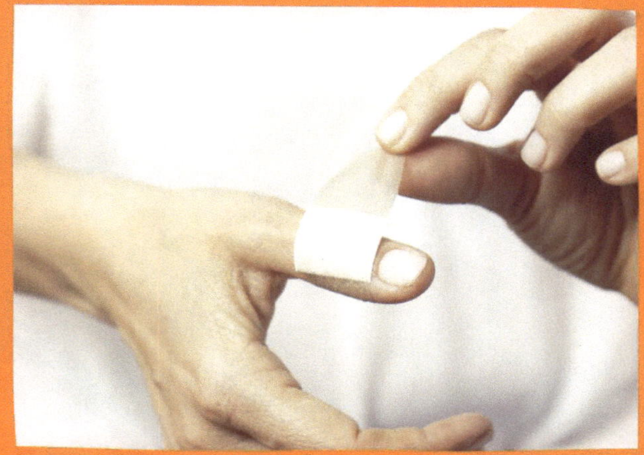

**benda**

bandage

**paramedico**

paramedic

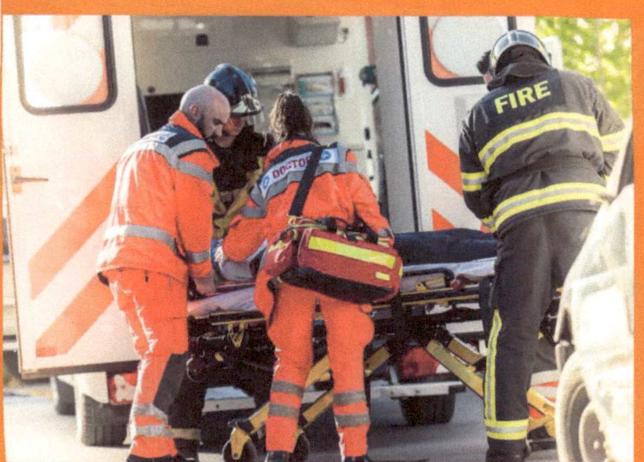

**squadra di soccorso**

rescue team

**foresta**

forest

**montagna**

mountain

**erba**

grass

**sabbia**

sand

**albero**

tree

**fiore**

flower

**farfalla**

butterfly

**formica**

ant

**gatto**

cat

**cane**

dog

**cavallo**

horse

**topo**

mouse

**mucca**

cow

**maiale**

pig

**pecora**

sheep

**anatra**

duck

**oca**

goose

**coniglio**

rabbit

**pesce**

fish

**veterinario**

vet

**dottore**

doctor

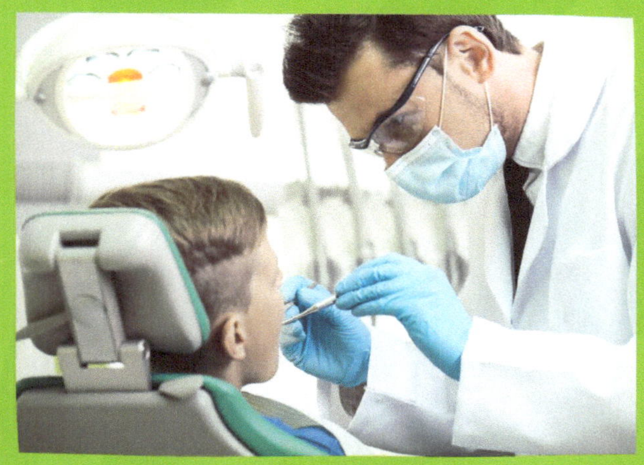

**dentista**

dentist

**farmacista**

pharmacist

**infermiere**

nurse

**testa**

head

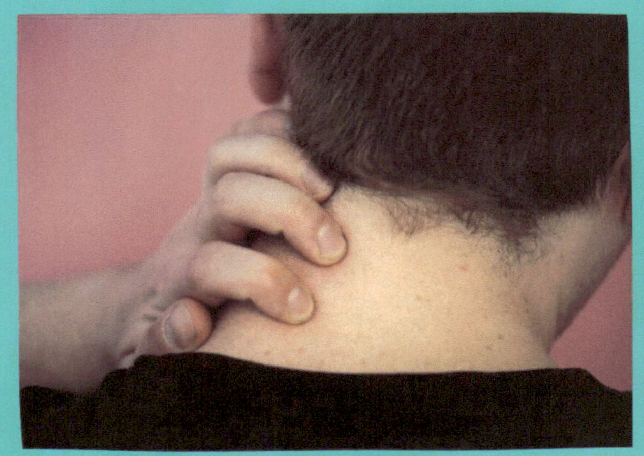

**collo**

neck

**piede**

foot

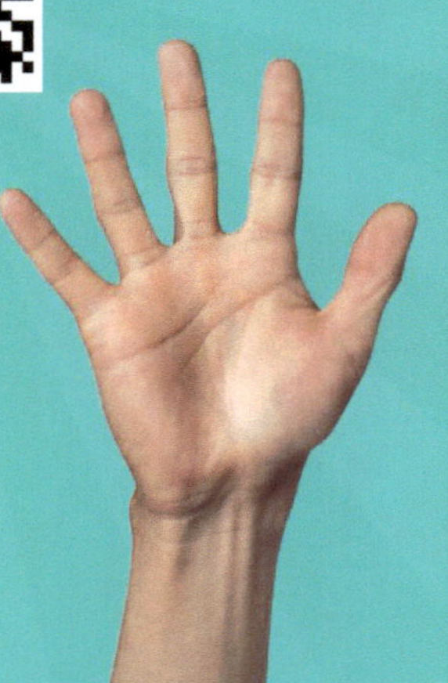

**mano**

hand

**denti**

teeth

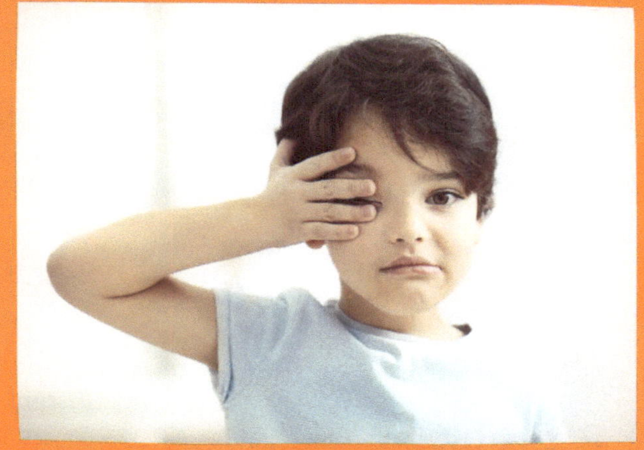

**occhio**

eye

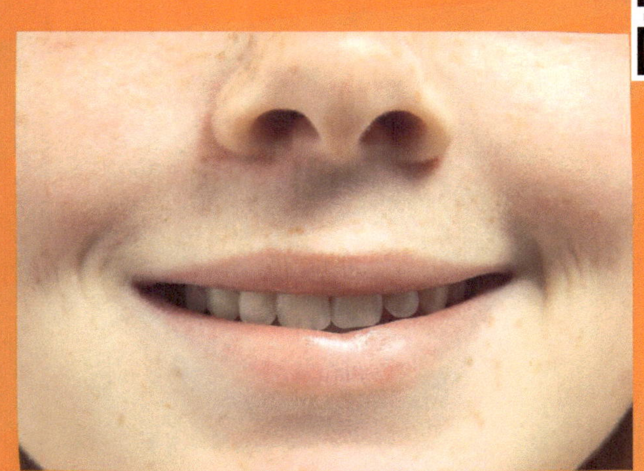

**bocca**

mouth

**orecchio**

ear

**cappello**

hat

**vestito**

dress

**pantaloni**

🇺🇸 **pants**
🇬🇧 **trousers**

**scarpe**

shoes

**cappotto**

coat

**sciarpa**

scarf

**ombrello**

umbrella

**occhiali**

glasses

**sole**

sun

**nuvoloso**

cloudy

**piovoso**

rainy

**luna**

moon